AF342777

HISTOIRE DU ROI GONZALVE ET DES DOUZE PRINCESSES

HISTOIRE DU ROI GONZALVE
ET DES DOUZE PRINCESSES

PAR

PIERRE LOUYS

HISTOIRE DU ROI GONZALVE
ET DES
DOUZE PRINCESSES

—

I

Il était une fois un Roi et une Reine
qui eurent douze filles en dix ans.
Quand l'aînée eut dix-huit ans et
la plus jeune sept et demi, le saint confesseur
des douze princesses demanda une audience
au Roi, une audience très particulière. Il
l'obtint un soir, toutes portes fermées.

"Sire, lui dit-il, je ne saurais, même
à vous, révéler un secret du confessional ;

HISTOIRE DU ROI GONZALVE

ET DES DOUZE

PRINCESSES

AUX DÉPENS D'UN BIBLIOPHILE
MADRID

I

Il était une fois un Roi et une Reine qui eurent douze filles
en dix ans.

Quand l'aînée eut dix-huit ans et la plus jeune sept et demi,
le saint confesseur des douze princesses demanda une audience
au Roi, une audience particulière. Il l'obtint un soir, toutes
portes fermées.

« Sire, lui dit-il, je ne saurais, même à vous, révéler un
secret du confessionnal ; mais il m'est revenu par ouï-dire que
le Malin tente Leurs Altesses...

— En vain, monsieur l'abbé ?

— En vain. Cependant, afin d'échapper à la tentation, elles
se livrent toutes à certaines pratiques... parfois solitaires... parfois non...

— Qu'entendez-vous par là ? Recevraient-elles...

— Personne ! mais ces pratiques, dont Votre Majesté ne peut concevoir les détails, se perpètrent en commun. Bref, Leurs Altesses, nuit et jour, ne songent qu'aux désirs de la chair et aux moyens furtifs de les apaiser.

— Je vous remercie, monsieur l'Abbé, dit le Roi. Cette question ne concerne que mon autorité. Allez trouver la Reine. Dites-lui que son récent projet de passer quelques mois dans un monastère ne me déplaît pas. Je l'approuve dès ce soir. Conduisez la vous-même à cent lieues d'ici, et restez auprès d'elle ; soyez le confesseur de Sa Majesté. Cette charge de premier rang est la grâce que j'accorde à vos bons offices. »

*
* *

Dès que la Reine et le prélat eurent quitté le palais, le Roi Gonzalve fit appeler une demoiselle de la Cour, et, toutes portes fermées pour la seconde fois, il lui permit de s'agenouiller familièrement entre ses jambes.

« Le jour où je t'ai nommée fille damoiselle de Leurs Altesses, que t'ai-je dit, Chloris ? Tu rougis ?

— Que vous me faisiez la grâce de bander pour moi, Seigneur, encore que j'en fusse indigne.

— Ensuite ?

— Que je semblais moins indigne d'inspirer un désir, quand je me mis nue de la tête aux pieds.

— Ensuite ?

— Que mes façons de baiser étaient assez chaudes pour me faire pardonner la perte et absence de mon pucelage.

— Ensuite ?

— Que je n'étais pas moins pardonnable de savoir ouvrir mes fesses, prêter ma langue ou ma bouche ; que l'on me soupçonnait d'être gousse, mais que vous me trouviez, Sire, assez tendre putain pour devenir fille d'honneur...

— De mes filles.

— Dès le lendemain, j'ai pu vous dire que toutes les douze étaient pucelles...

— Mais que tu n'avais rien à leur apprendre.

— Les filles du Roi savent tout sans avoir rien appris.

— Et pourquoi le Roi qui a tant appris ne sait-il pas tout ?

— Pour que j'aie le plaisir de lui dire le reste. »

Après un instant de silence, le Roi lui fit signe d'approcher et de parler à l'oreille ; ce qu'elle fit, toujours agenouillée, dans ses bras.

« Elles sont à point. Laquelle voulez-vous pour cette nuit ?

— Comment devines-tu que je n'en veux qu'une ?

— Cœur d'amoureuse devine tout ce qu'on ne lui dit pas.

— Même celle des douze que je vais nommer ?

— Oui ; et que votre choix m'est assez connu pour que j'ose vous le souffler tout bas.

— Si c'était toi ?

— Non, Sire, vous êtes trop bon et plus que je ne suis sotte. Puis-je tenter de lire dans vos yeux celle que vous choisiriez vous-même ? »

Les douze princesses portaient de simples noms : Prima, 18 ans ; Secunda, 17 ; Tertia, 16 ; Quarta et Quinta, jumelles, 15 ; Sexta, 14 ; Septima, 13 ; Octava, 12 ; Nona, 11 ; Decima, 10 ; Puella, 9 ; Parvula, 7 1/2.

« Pas si tôt, répondit le Roi. Quelle est la pire des douze ?

— Toutes.

— Diable !

— Elles ont pris pour maxime morale : « Branlez-vous les unes les autres » et ne jouent à aucun jeu qui ne se termine ainsi.

— Lesquelles sont femmes ?

— Les six premières ; mais la septième est une des plus enragées ; et les cinq petites sont les plus obscènes.

— S'il en est ainsi, je te prends au mot, ou, pour le mieux dire, à la motte, Chloris. Compte les poils par où je te tiens. C'est ma façon de tirer au sort. »

Chloris surprise en compta sept.

« Sept poils désignent Septima, dit le Roi.

— C'est plus de poils qu'elle n'en a ! fit Chloris en riant. Mais elle est enragée, ne viens-je pas de vous le dire ? et ce serait dommage que de la dépuceler par devant.

— Cela signifie que... ?

— Que les trouvant pucelles et si chaudes, vos filles, je leur ai donné à toutes le désir, l'instinct, le goût de...

— N'achève pas. Mon intelligence est considérable. J'ai compris.

— Septima ne mit pas plus de temps à comprendre ma pensée. Elle est à point, comme ses sœurs.

— Va la chercher. Amène-la telle qu'elle est. Ne dis rien aux autres. Préviens la petite quand tu seras seule avec elle et soyez dans ma chambre aussitôt après. »

II

Chloris, prit Septima telle qu'elle était : toute nue. Et, si peu de temps qu'elle se trouva seule avec la petite princesse, elle sut parler et se faire comprendre. Septima ne s'étonnait de rien ; elle entra nue, fit une révérence et dit : « Bonsoir, papa. Je peux coucher avec toi ?

— Si tu es sage.

— Non. Je ne serai pas sage du tout. Mais çà fait rien.

— Si tu ne dois pas être sage, Chloris va rester. C'est plus prudent.

— Oh ! oui ! c'est plus prudent ! » répéta Septima, non sans cligner de l'œil vers sa fille d'honneur.

— Celle-ci toujours debout dans sa longue robe légère, vint dire à l'oreille du roi que Septima était prévenue, qu'elle savait que toute franchise lui était accordée pour la nuit, et qu'elle répondrait sans détours à un interrogatoire.

« Septima, dit le roi, qu'est-ce que tu sais le mieux ?

— La morale.

— Ah ? et quelle distance y a-t-il entre le vice et la vertu ?

— La même qu'entre le con et le cul : un petit doigt.

— Cela commence bien. Combien as-tu de vertus et de vices ?

— J'ai deux vertus, mes deux trous. Et deux vices, mes deux trous aussi. Faut-il dire pourquoi ?

— Oui. Je crois que tu sais trop de morale, tu parles obscurément comme la philosophie. »

Sans la moindre timidité, Septima se coucha en travers du lit et, tout au bord, leva les jambes.

« Ma première vertu, c'est mon pucelage, quand je le montre. Est-ce vrai ? Regarde. Et ma seconde vertu est un peu plus bas. C'est encore un pucelage ; j'en ai partout.

— Mais alors où sont tes vices ?

— Les mêmes trous quand je me branle avec deux doigts dans le cul ; mais je n'aime pas les miens, j'aime mieux ceux de mes sœurs, et surtout... j'aime mieux ceux de Chloris.

— Quels sont tes devoirs envers Chloris, puisque tu sais tant de morale ?

— Mes devoirs envers Chloris ? Je ne pourrai pas les dire tous sans les remplir en même temps mais je ne les remplis bien que si elle est toute nue. »

Avec l'assentiment du roi, la jeune fille d'honneur laissa tomber sa robe, sa chemise et le reste de ses vêtements.

« Sire, dit-elle, je ne lui ai pas appris à dire ce que vous allez entendre, mais Son Altesse n'est pas en peine d'inventer sept devoirs si je les lui demande. Quel est le premier ?

— Lui dire qu'elle est belle, et que je l'aime de tout mon cœur, de tout mon con, de tout mon cul.

— Le second ?

— Lui baiser la bouche et ne pas lui faire de reproches si sa langue sent le foutre de mes sœurs aînées.

— Le troisième ?

— Lui dire : Ma Chloris, ce serait à toi de me faire service mais j'ai trop envie de commencer pour ne pas te baiser les poils.

— Le quatrième ? »

Septima faisait tout ce qu'elle disait. Aussi coucha-t-elle Chloris au bord du lit avant de répondre :

« Lui donner des coups de langue aux babines du con avant de lui faire minette.

— Le cinquième ?

— Comprendre ce qu'elle veut quand elle relève les cuisses en offrant le trou du cul pour que la fille du roi lui fasse feuille de rose.

— Le sixième ?

— Branler son petit bouton du bout de la langue.

— Et le septième, je vais le dire pour vous, fit Chloris. Le septième ou le premier est de se laisser faire service, car tout ce que vous venez de dire ce sont mes devoirs envers vous, et non les vôtres.

— Non ! fit Septima. Le septième devoir est le sacrifice. Chloris, je t'offre à mon père. »

Emerveillé, le roi s'écria, de sa chaire :

« Voilà une enfant bien élevée. Je ne m'étais pas trompé en choisissant Chloris pour sa fille d'honneur.

— Alors, dit Septima, nous méritons un prix toutes les deux. Mais qu'elle aille tout au fond de la chambre et je vais te le dire à l'oreille.

— Je t'écoute.

— Sais-tu qui j'aime plus qu'elle et plus que mes sœurs ? c'est toi. J'ai envie de tout ce qui te fera plaisir... mais je ne sais pas... je voudrais voir, pour savoir. Fais-le lui d'abord, fais-le moi ensuite et nous serons ravies toutes les deux.

— Mais que vous ferai-je à l'une et à l'autre ?

— Ce que... Ce qu'elle m'a dit qu'on faisait aux jeunes filles... un peu plus bas que leur pucelage... ou un peu plus haut quand elles sont à genoux... »

Sans attendre elle cria :

« Chloris ! vite vite ! pour mon septième devoir !

— Votre Altesse Royale m'offre à Sa Majesté ?

— Oui, Mademoiselle de Pranges. Par amour pour vous, je vous cède le pas... et aussi pour prendre une leçon, ajouta-t-elle en riant. Maintenant j'ai rempli mes sept devoirs, je ne te dois plus rien, saloperie. Fais ce qu'il faut pour que le roi t'encule, dans une posture où je verrai tout, et quand j'aurai tout vu, je prendrai ta place. Tu me remercieras plus tard, avec ta langue.

— Dois-je m'y prendre comme une pucelle, comme une amoureuse ou comme une...

— Comme une toi ! ma putain chérie ! »

Souriante, Chloris s'approcha du roï, le dévêtit et reconnut sans surprise qu'il était en état de recevoir ses faveurs.

Bien que Septima entrevit pour la première fois les particularités masculines, elle aussi les considéra sans étonnement, car elle en était assez informée par les confidences et par le dessin ; mais cela ne l'empêcha pas d'être fort émue, et même de rougir.

Le membre à la main, Chloris dit avec mollesse et respect :

« C'est beau, un roi !

— C'est épatant ! » dit Septima.

Sur un jeune homme, peut-être Chloris eût-elle fait une leçon moins écourtée, mais le souverain touchait à la quarantaine, et sa maîtresse, craignant quelque disgrâce de la nature, pressa le jeu.

Traitée de « putain chérie », elle n'eut pas de honte à s'enduire la main d'une eau de savon dont elle servit pour le roi, pour elle-même et pour Septima : simple moyen de rendre les glissements faciles.

Elle s'agenouilla ensuite au milieu du lit, se pencha en avant, présenta la croupe :

« Oh !... Eh bien !... dit la petite princesse. Nous qui n'osions jamais lui fourrer plus de deux doigts ! Si nous avions su !... Mais ce n'est plus un petit trou ! mais c'est un bracelet !

— A vous, maintenant, fit Chloris qui se dégagea d'un mouvement souple. Faites un bracelet comme le mien. »

Haletante et un peu craintive, Septima prit la même posture. Chloris derrière elle, offrant les petites fesses, ouvrit des deux pouces l'anus rose et blanc... Si prudent que fût le roi, la petite poussa un cri... Mais déjà Chloris, bouche à bouche, étouffait même les soupirs :

« C'est fini, murmura-t-elle. Vous voilà aussi femme que moi. »

Bien qu'elle souffrît toujours, Septima voulut sourire et dit encore plus bas :

« Aussi putain que toi ?

— Non. Il s'en faut de beaucoup.

— Pourtant quand une pucelle a une queue dans le derrière...

— C'est la preuve qu'elle est pucelle.

— Et quand c'est la queue de son père...

— C'est une preuve d'amour filial.

— Et quand la queue de son père sort du cul de sa gousse...

— La pauvre gousse est cocue.

— Quel toupet ! c'est moi qui suis la cocue ! Tu viens de me tromper sous mes yeux... Oh ! Chloris ! qu'est-ce qu'il m'arrive ?

— Une catastrophe.

— Je crois que c'est du foutre.

— Vite ! si vous voulez être aussi putain que moi, tournez la tête ; jouissez, parlez. »

Septima tordit son corps frêle, fit une œillade par dessus l'épaule droite et dit tout haut :

« Ha !... ha !... ha !... c'est le plus doux moment de ma vie !

— Pas mal ! lui murmura Chloris voilà qui est vraiment putain. »

III

Physiquement purifiée, moralement instruite, Septima, cinq minutes plus tard, vint se blottir au milieu du lit, et, plutôt enfant que princesse :

« Merci, papa, dit-elle. Et merci, Chloris.

— Tu m'as dit merci d'avance pour ce que je vais t'accorder, fit le roi. Demande ce qui te fera plaisir. Que veux-tu ?

— Ce que je veux ? un plaisir pour toi, un plaisir pour elle ; mais je crois qu'elle est la plus pressée. Pourquoi rougissez-vous, Mlle de Pranges ? Pourquoi vous tordez-vous ainsi ?

— Je suis en chaleur ! sourit Chloris mollement.

— Alors, papa, nommons-la pour ce soir maîtresse des céré-monies. Une fille en chaleur ne sait plus ce qu'elle dit. On ne s'ennuiera pas avec elle. »

Si échauffée qu'elle parût, Chloris toutefois savait bien ce qu'elle disait et se tint assurée de ne déplaire à personne en prenant son rôle au sérieux pour répondre ce qui suit :

« Le protocole ne permet pas que le souverain prenne la même pucelle deux fois de suite ; mais elle peut nommer trois de ses sœurs entre lesquelles le roi daignera désigner celle qui va passer la nuit avec nous.

— La plus belle, c'est Prima ; la plus vicieuse, c'est Puella ; mais celle qui serait la plus contente...

— C'est Tertia ! fit Chloris.

— Oh ! oui !

— J'ignore pour quelles raisons, dit le roi ; mais j'aime les bonnes volontés. Faites appeler Tertia. Je me retire quelque temps et vous donne le loisir de préparer ses esprits. »

*
* *

Tertia ne tarda guère à paraître, toute brune et vive, grande et mince, vêtue d'une chemise de soie jaune, les pieds nus dans ses mules et les cheveux flottants.

Avec elle, un nouveau langage anima la scène :

« Quel bordel que ce palais ! Qu'est-ce que tu fous-là toute nue, chameau d'enfant ? dit-elle à Septima qui rit.

— Et toi ? pourquoi ta natte n'est-elle pas faite à onze heures du soir ?

— Parce qu'à l'heure où toutes les filles se fourrent les dix doigts dans les poils du cul, elles ne trouvent pas deux mains pour natter leurs cheveux, espèce d'innocente !

— Innocente ? ricana la petite.

— Gosse ! tu ne vois même pas que la pauvre Chloris a une envie de jouir qui lui tord le ventre et la gueule du con ?... C'est honteux de coucher avec une jolie fille et de la laisser dans un état pareil ! Regarde ses bouts de tétons, raides comme des pines de chien !... Tu bandes, ma Chloris ?

— De la tête aux pieds.

— Suce ma langue. Où la veux-tu ?

— Une langue aimée, dans ma bouche, c'est assez pour que je décharge.

— Infâmie ! si tu fais çà... »

D'un seul geste en arrière, Tertia ôta sa chemise et ne perdit pas de temps :

« Toi sur moi ! dit-elle. N'espère pas que je vais te laisser sur le dos comme une amoureuse endormie...

— Je vais faire des inondations, dans cette posture-là.

— Ne dis pas d'obscénités, imite la réserve de mon langage et pisse ton foutre dans ma bouche. »

Ce ne fut pas long. Bientôt, Tertia "inondée" écarta son jeune visage d'entre les jambes de Chloris, et, joyeusement, tendit ses lèvres à sa petite sœur qui les baisa.

Alors Septima, d'une voix ironique et tranquille :

« Tu t'es fichue de mon innocence ? dit-elle. Devine ce que nous faisons ici.

— Mais oui, au fait... C'est une des chambres du roi. Pourquoi y couchez-vous cette nuit ?

— Secret d'état. Chloris, ne lui dis rien. Nous sommes aussi curieuses qu'elle et nous la mettrons dans nos secrets si elle nous dit les siens.

— Moi ? je n'ai pas de secrets.

— Alors, si tu n'en as pas, dis-les tous. »

Les deux sœurs se mirent à rire.

« Réponds d'abord, fit Septima. On te dira plus tard pourquoi. Combien de fois as-tu joui depuis ce matin ?

— Bébé ! tu n'as pas un poil, pas une goutte là-dessous, mais tu veux savoir...

— Ce n'est pas un secret ; tu viens de le dire.

— Oh ! çà m'est égal ; mais je n'ai pas compté. Attends que e me rappelle... Une... deux... trois... quatre... Quatre... Oui ?... ce n'est guère... et je crois que c'est tout.

— Et si l'on proposait de jouir une cinquième fois, tu voudrais ?

— Si je voudrais ? J'espère bien que vous allez me faire minette, et ce n'est pas çà qui m'empêchera de me branler avant de m'endormir. »

Septima poussa l'interrogatoire jusqu'à l'inquisition.

« Dis comment tu te branles.

— Comme si tu ne le savais pas !

— Tu as toujours la godmiché que tu t'es fait avec une peau de gant.

— Le premier s'est déchiré. Je m'en suis fait un autre, plus gros, parce que...

— Ne dis pas d'inconvenances.

— Parce que j'ai le trou du cul plus souple que le tien, microbe.

— Comme tu te trompes ! Je viens d'être enculée.

— Par qui ?

— Par un homme. »

Tertia resta muette. Elle regarda sa fille d'honneur... Chloris lui fit signe que oui... La jeune princesse inclina la tête en guise de salut et demanda gaîment :

« Par où est-ce qu'on t'a enculée ?

— Par où tu vas l'être à ton tour.

— Moi ? Moi, je vais être...

— Enculée sur ce lit, sous mes yeux, ma chère ! Je sais ce que c'est, ne crains rien : je te donnerai des conseils. »

Pour prix des conseils qu'elle offrait, Septima reçut une gifle, pas méchante, mais sonore.

« La morpionne ! dit sa sœur. Elle se fout de moi... Chloris, dis-moi tout ! Qui est notre amant ? Je suis sûre que je le devine.

— Oui.

— Tui sais qui je veux dire ?

— C'est lui. »

Tertia eut un instant de silence méditatif; puis se retournant à demi couchée sur le petit corps de Septima, elle lui dit avec bonne humeur :

« Infection de la nature, pourquoi ris-tu ?

— Parce que tu m'as traitée d'innocente et qu'il n'y a que toi de pucelle ici.

— Tu t'es fait fait dépuceler le trou du cul avant moi, tu es une ordure.

— Continue. Je suis trop fière de te scandaliser. Qu'est-ce que je suis encore ?

— Une enfant pourrie de vice, qui fait la putain avant de jouir.

— Et puis ?

— Fi donc ! une petite fille qui chie du foutre ! est-ce que je devrais t'embrasser ? Qu'est-ce que tu mérites pour ta punition ?

— Ta langue dans le cul.

— Tu dis cela pour m'en faire autant ? pour te purifier la bouche entre mes fesses virginales ?

— Ses fesses virginales ! Elle s'encule elle-même du matin au soir et elle compte sur ma langue pour la dépuceler ! »

Mais Tertia s'était déjà mise en posture. Le jeu dura quelques instants et dès qu'il fut terminé, Septima dit avec conviction :

« Ma langue est entrée plus vite que la tienne. Tu n'auras pas de mal à te faire enculer. »

Près d'elles, Chloris silencieuse, qu'elles n'avaient vue ni sortir ni rentrer, vint s'asseoir au bord du lit et présenta en souriant l'objet cousu par Tertia :

« Mon amant ! s'écria la jeune fille. Elle a été le chercher ! Pour ta peine, tu vas le recevoir ! Tourne-toi !

— Une autre nuit, dit Chloris. L'heure va sonner où cette porte s'ouvrira. Soyons sages. Mettez-vous en tenue.

— Avec une chemise de soie jaune et un godmiché dans le cul ? dit Tertia battant des mains. Cela ira divinement à mon genre de beauté. Donne... mais il faut le mouiller. Où ça ?

— Ce qu'il y a de plus mouillé ici, dit Septima, c'est le con de Chloris.

— Oui ! dans le foutre ! dans le foutre ! Ouvrons-lui les cuisses ! »

La fille d'honneur se laissa faire ; puis Tertia s'introduisit l'instrument qui était assez long et gros avec un bourrelet au milieu de telle sorte qu'il se maintenait, moitié par dedans, moitié au dehors ; et tournant le dos à sa petite sœur :

« Comment la trouves-tu, lui dit-elle, la seule qui soit pucelle ici ? Tu ne dis rien ?

— Je dis que c'est dégoûtant, la virginité.

— Dépêchons-nous, dit Chloris. La chemise, d'abord. Et ces cheveux ! Laissez-vous coiffer. Voulez-vous un lys dans les cheveux ?

— Oui, en signe de candeur. Oh ! si j'allais m'intimider ! Parle pour moi, Septima. »

Le roi entrait.

IV

Septima, prenant son rôle au sérieux, fit tout un discours dont le début fut insinuant :

« Veux-tu dire toi-même, papa, qui a eu l'idée d'inviter Tertia entre nous ?

— C'est toi.

— Elle n'en savait rien. Je te l'ai fait dire pour qu'elle m'embrasse au lieu de me donner une gifle comme tout à l'heure.

— Il me semble que vous vous embrassez très gentiment.

— Je l'aime bien parce que c'est la plus vertueuse de mes sœurs. Aussi nous lui avons mis un lys dans les cheveux. Regarde comme c'est beau, les yeux d'une pucelle. Si elle a les paupières cernées, c'est encore un signe de virginité : la mauvaise habitude de la masturbation... »

Tertia, un peu rouge et prise de fou rire, se cacha les yeux.
La petite continua :

« Elle est si naïve qu'elle se branle encore à son âge et elle
a un tel tempérament qu'il faut changer ses draps au milieu de
la nuit. Tu dis que je l'embrasse gentiment ? c'est que je suis un
peu gousse et qu'elle a toujours le foutre de plusieurs jeunes
filles dans sa bouche. Ce n'est pas un parfum, c'est un mélange.

— Ah ! fit le roi qui était volontiers laconique en ses répar-
ties.

— En ce moment, il faut pardonner à son trouble. Elle est
si émue qu'elle en est distraite. Nous nous sommes aperçues trop
tard, pendant que nous lui mettions un lys dans les cheveux,
qu'elle avait encore par erreur, un godmiché dans le derrière. »

Mais Tertia n'était plus troublée du tout. Le visage du roi
l'avait rassurée. Elle osa parler, et dit :

« Simple étourderie, papa.

— Pour une étourderie, celle-là est forte !

— Toute jeune fille a ses habitudes intimes, et ses principes.

— Tu as des principes ?

— Je n'en ai qu'un. Je ne me branle jamais sans avoir un
godmiché dans le cul. Ce soir, mon godmiché ne me gênait pas :
j'ai oublié de le retirer. »

Le roi se croisa les bras :

« Or çà, dit-il, j'ai interrogé ta sœur sur ce qu'elle savait le
mieux : la morale, Toi, Tertia, qu'est-ce que tu sais le mieux ?

— La pudeur.

— Prouve-moi par trois fois qu'en ce moment, tu observes
les lois de la pudeur, et je te tiendrai quitte du reste.

— Plus de trois fois ! La première, c'est que j'ai une chemise et cela est plus convenable que de la relever comme ceci, jusqu'au dessus des seins.

— Il est vrai, et tu n'en as que plus de mérite car tu es plus jolie quand tu lèves tu chemise, Tertia.

— La seconde, c'est qu'au lieu de me raser les poils, comme Prima...

— Elle se rase ?

— Tous les soirs. Mais moi, je laisse pousser les miens, qui sont touffus n'est-ce pas ? et je dissimule ainsi mes parties honteuses. Troisième preuve de ma pudeur : je n'ai pas dit que ces poils servaient à dissimuler un con. Quatrième...

— C'est plus que je ne demande.

— Quatrième preuve : quoique je grille d'envie d'être enculée, je me suis fourré un godmiché par là pour mieux garantir mon pucelage du cul. »

Ce disant, Tertia retira sa chemise et montra sa jeune croupe où le phallus était planté.

« Ange de pudeur ! fit Septima.

— J'allais le dire, répéta le roi. Elle a fort bien répondu. Qu'elle ôte cet objet superflu. Il est temps de lui accorder ce qu'elle grille d'envie d'obtenir. »

Ici, Chloris, qui s'était tenue à l'écart pendant le dialogue, s'avança :

« La maîtresse des cérémonies, si tel est le bon plaisir de Sa Majesté, déclare que la posture à genoux n'est pas indiquée pour un dépucelage aussi facile que celui de Tertia, mais que son Altesse peut montrer ainsi les preuves de sa virginité.

— Par pudeur ? dit Septima

— Evidemment ! fit Tertia. Une jeune fille qui présente ses

pucelages en levrette baisse les yeux, se cache le visage... Et puis j'ai une pudeur toute particulière : je rougis au con plutôt qu'à la joue. N'est-il pas simple de montrer ma pudeur où elle se trouve ?

— Elle a raison fit le roi. Il n'y a rien à dire à cela. Cette enfant est bien ma fille : je reconnais en son cerveau la justesse de mes déductions. »

Septima, qui devenait rosse, attendit que Tertia fût en posture, et dit avec solennité :

« Chloris et moi, nous jurons que Tertia est pucelle. Si nous ne le disions pas, personne ne s'en douterait. »

Brusquement retournée, Tertia eut un cri.

« Saloperie de petit chameau ! »

Et sur la dernière syllabe, Septima eut encore une gifle.

« Tu manques d'égards envers le roi, dit-elle avec tranquillité.

— C'est toi qui lui manques de respect en me décernant des certificats de vertu, comme si j'en avais besoin... Ecoute, papa : tu sauras tout. Plus les filles font l'amour et moins elles se branlent, mais plus elles se branlent et plus elles sont vertueuses. Est-ce vrai ?

— Je le crois.

— Moi qui n'ai pas cessé de grandir en vertus, je me branle de toutes les manières : un doigt sur le bouton et un godmiché dans le cul cela ne suffit pas toujours à mes aspirations. Je me suis fourré les doigts dans le con si souvent que mon pucelage ne les gêne plus, mais je te le demande : à quoi me servait-il ? Une pucelle n'en a pas besoin. Un modèle de peintre n'a pas de modelage; pourquoi une pucelle aurait-elle un pucelage ?

— Complètement maboule, soupira la petite.

— Non pas ! dit le roi. Elle raisonne si bien que je ne trouve point d'arguments pour la contredire.

— Avec ou sans pucelage, conclut Septima, il vaut encore mieux l'enculer que de la contredire. »

La dernière phrase de Septima ne souleva aucune protestation. La salive de Chloris fut agréée de part et d'autre comme une offrande nécessaire et suffisante, puis la jeune fille s'étendit sur le côté, leva au ciel des yeux mourants lorsqu'elle se sentit pénétrée par toute autre chose que son instrument de cuir, et enfin, remuant son doigt par devant, ses "fesses virginales" par derrière, elle eut un spasme violent qui provoqua celui du roi.

V

Le lendemain soir, il fut décidé que Prima serait choisie et Chloris déclara que sa présence était inutile, soit que les dix-huit ans de la princesse n'eussent pas à prendre conseil, soit qu'elle craignît peut-être de se montrer nue auprès d'une si parfaite beauté.

Donc, Prima se présenta seule et sans trouble apparent, vêtue d'une robe légère que ne fermait aucune agrafe mais qu'une ceinture serrait mollement à la taille.

Elle était grande, aussi brune que ses sœurs et tout en elle apparaissait d'une forme admirable : contour du visage, lignes des yeux et de la bouche, élégance du cou, proportion du torse et des jambes.

Instruite de ce qui l'attendait, elle vint avec lenteur baiser au front le roi et s'assit en souriant sur ses genoux.

Le roi en fut d'abord assez ému pour ne plus savoir ce qu'il voulait dire. Le système de ses questionnaires put seul le tirer d'embarras.

« J'ai demandé à tes sœurs ce qu'elles savaient le mieux. L'une m'a fort bien répondu sur la pudeur et l'autre sur la morale ; mais toi ? qu'est-ce que tu sais le mieux ? »

Prima lui dit à l'oreille, les deux bras autour du cou :

« Ce que je sais le mieux ce soir, c'est de te faire bander.

— Est-ce donc là une science ?

— C'est un art que de faire raidir un vit sans y toucher. L'art dont je n'ai pas d'expérience mais dont je sais bien les secrets, est l'Art d'Amour.

— Prouve-le moi.

— Jusqu'à demain matin.

— Combien l'amour a-t-il de secrets ?

— J'en sais mille et j'en inventerai bien davantage ; mais les secrets d'amour ne se disent pas autre part que sur le lit. »

Le roi commençait à comprendre que l'aînée de ses douze filles était trop forte pour lui. Prima entendit sa pensée ; sachant qu'une amoureuse ne doit pas intimider ce qu'elle séduit, elle se jeta sur la couche, y entraîna le roi et se dévêtit en un tour de main, sans presque se dévoiler, car elle s'étendit sur lui corps à corps et ne montra que ses seins, mais fit sentir le reste.

« Prima, dit le roi, tu es trop belle. Je ne saurais demeurer plus longtemps dans l'état où tu m'as mis.

— Ne crains rien. Le premier secret de l'amour est de faire bander. Le second est de laisser bander.

— Cela est plus prudent.

— Non, non, je suis sûre de moi. Déjà tu m'aimes assez

pour me laisser maîtresse de régler ton plaisir. Tu m'as dit que j'étais trop belle, mais tu n'as guère vu que mon visage : c'est lui que tu vas dépuceler d'abord.

— Comment as-tu deviné que j'y pensais ?

— Tu n'y pensais pas. Je t'y ai fait penser avant de te le dire. C'est encore un secret... Ma bouche, ma bouche qui te parle, veut se faire dépuceler. Tu consens ?

— Avec empressement et comme il te plaira.

— Si j'étais homme, j'aimerais bander sous le ventre d'une jeune fille qui offre sa bouche de vierge avant même de montrer ses autres pucelages. Il me semble que je lui dirais : Voilà deux lèvres faites pour sucer un vit.

— Eh ! je ne le pense que trop !

— Que penses-tu de ma langue entre mes deux lèvres ?

— Je n'en ai que faire. Prima, tu as juré de me mettre au martyre !

— Tu n'en as que faire pour l'instant, je le sais bien. Plus tard elle se fera connaître. Mes lèvres d'abord, ma bouche, c'est assez. Elles te suceront de toute leur âme parce qu'elles sont assurées d'avoir leur récompense : le foutre dont elles ont soif. »

Sans torturer le roi plus longtemps par les tentations et par l'impatience, la jeune fille se glissa vers le pied du lit, prit le membre dans sa bouche, — et son attente fut aussi courte que celle de son père avait été longue. Immobile et comme recueillie, elle but tout ce qui vint à jaillir. Puis elle ouvrit les lèvres et sourit tendrement.

Une demi-heure s'écoula sans que le roi songeât à se retirer dans un appartement voisin comme il avait fait l'autre nuit. Il causait avec Prima qui semblait livrée à son indolence, mais qui changea le ton du dialogue à son gré, lorsqu'elle jugea qu'il était temps. Comme le roi lui demandait pourquoi elle se tenait couchée sur le ventre, elle répondit d'un air impudent, le front levé :

« Je me couche sur le con.

— Eh ! pourquoi ?

— C'est encore un secret que de se montrer nue et de ne pas se laisser voir le con.

— Voilà un nouveau secret que je voudrais comprendre. Toi qui as si belle bouche...

— Et si j'avais plus beau con peut-être, que je n'ai belle bouche ? Qu'est-ce, pour une fille amoureuse, que toute la beauté du corps, si elle n'a pas surtout la beauté du con ? Mais sais-tu duquel je parle ?

— Je pense que...

— Ecoute. J'ai cinq cons. Le premier est ma bouche qui voulut cette nuit se remplir de foutre. Le second est fort velu, sous mon bras droit, regarde : je ne te l'offrirai pas aujourd'hui, ni le troisième que voici, qui est mon aisselle gauche, mais je sais les moyens de les rendre aussi doux que ma bouche elle-même. Le quatrième con est entre mes fesses. Le verras-tu cette nuit ? le dépucelleras-tu ? peut-être oui, peut-être non. Et le cinquième est celui sur lequel je suis couchée. »

Prima s'étendit de nouveau sur le corps du roi et, cette fois, fit sentir ce dont elle parlait. Le résultat qu'elle attendait fut plus prompt que le roi ne l'espérait lui-même.

« On m'avait rapporté que tu te rasais, dit-il. Pour quelle raison ?

— La même. Si je n'avais beau con, je ne le raserais pas. Toute beauté se montre nue.

— Eh ! que ne montres-tu celle là.

— La beauté se montre à qui l'aime. Ton vit la touche et bande entre ses lèvres. Que ton visage en fasse autant : il la verra.

— Je ne sais ce que tu veux dire. Tu me mets hors de moi par tes attouchements, tes refus et l'excès du désir.

— Ne me promets rien. Je n'ai pas besoin de promesse. Mon caprice est de ne pas me laisser voir le con sans qu'il reçoive un baiser ; et si tu me trouves le con assez beau pour te souvenir de mon caprice, par là je saurai si tu m'aimes. »

*
* *

Auprès des oreillers, Prima se mit à genoux en serrant les jambes. On voyait à peine ce qu'elle prétendait montrer ; mais cela parut être en effet la plus parfaite de ses formes. Elle attendit que le roi fût impatient de voir ce qu'elle cachait encore ; enfin, la tête tournée vers le chef du lit, elle s'agenouilla par dessus le visage en ouvrant les cuisses. Peu après, elle se baissa légèrement et le caprice qu'elle ne répétait pas fut satisfait. Mais le roi dit aussitôt :

« Ne me tente plus ! Serait-ce pas folie que de...

— Que de me déchirer le pucelage du con ? Comment choisirais-tu ? Je ne t'ai pas montré l'autre.

— Cette fille me fera perdre le sens, avec sa beauté, sa luxure, sa réserve et son air de défi. N'es-tu pas satisfaite de m'avoir réduit à ne rien oser que tu ne me...

— Ose tout ce qu'il te plaît d'oser. J'ordonne, parce que je devine mieux que toi ce que tu désires. Je t'ai parlé de mon autre pucelage ? Eh bien, cherche-le ! Mets la main entre mes cuisses. Le sens-tu ?

— Je ne sais ce que je sens. Je perds la tête. »

Prima se dégagea de la main qui la touchait, et, s'allongeant auprès du roi, elle dit plus bas :

« Tu sens mes poils.

— Mais tu es rasée.

— Pas là. Regarde mon aisselle encore. Cette mèche noire me va presque au bout du sein. Que penses-tu que je me rase ? le con et la motte ? Je me rase même le ventre, jusqu'au nombril ; mais au-dessous du con, je ne me rase rien.

— Tu es une diablesse.

— Oui. J'ai autant de poils par derrière que la plupart des filles en ont par devant, et depuis que je me rase la vulve, on dirait qu'elle a changé de place. Mes sœurs aiment cela. Pour elles j'ai une bouche où elles ont un con, et j'ai le con entre les deux fesses. Ne sais-tu pas que je suis leur sultane et que je vis dans un harem où je n'ai qu'un mot à dire pour jeter le mouchoir ?

— Auxquelles ?

— A toutes. A celle qui me plaît, selon ma fantaisie. Tu voudrais savoir celles que je préfère ? Je te le dirai plus tard. Toutes, jusqu'à la plus petite qui a sept ans sont heureuses de me mettre leur langue dans la bouche du ventre ou dans le con du cul. Il n'est rien qu'elles ne feraient pour en arriver là et c'est mon plaisir que de les tenter.

— Tu ne réussis que trop bien à tenter ceux qui t'aiment.

— De mes trois plus jeunes sœurs, je ne suis pas amoureuse, et, comme les petites filles aiment tout ce qui est sale, c'est à elles que j'accorde, quand elles sont sages, le droit de m'enfoncer la langue dans le derrière. A la langue de ma favorite je donne mon vrai con et chaque soir nous doutons s'il m'est plus agréable de jouir pour elle ou si entre mes cuisses elle a plus de plaisir à savourer le foutre qu'elle tire de moi.

— Ne parle plus !

— Qu'y a-t-il de plus doux aux lèvres d'une pucelle, que de boire du foutre ? Par curiosité j'ai voulu boire ceux de toutes mes sœurs cadettes le soir même de leur puberté. Sitôt que l'une d'elles, tout émue, venait me dire : « Prima, je décharge ! » aussitôt je lui donnais ma bouche. Et cette nuit, avec toi, j'ai bu du foutre d'homme. Pourquoi me dis-tu que je suis réservée ? J'ai envie d'en boire encore et j'ai envie d'en donner.

— Prima !

— Pourquoi dis-tu que je me refuse ? Je vais te révéler tous mes secrets, après avoir dit tous mes goûts. Je n'ai rien à te cacher. Regarde. »

Et comme si elle eût fait le geste le plus simple du monde, elle enjamba tête bêche le visage du roi, ouvrant à la fois ses fesses velues et sa vulve rasée de frais. Puis sans attendre ce qu'elle était sûre d'obtenir, elle fit du bout de la langue diverses arabesques autour de l'organe viril.

Le roi, depuis longtemps, n'avait favorisé personne de la caresse que les jeunes filles se font entre elles et il n'y était point naturellement porté ; mais, se trouvant "hors de sens" comme il l'avait dit, il ne sut ce qu'il faisait. Il le fit pourtant.

Cambrée en sursaut, Prima parut frémir de tout son corps. Elle qui ne murmurait pas un mot quand ses sœurs lui rendaient hommage de la sorte, elle sentit que, cette fois, il fallait parler et même exagérer ce qu'elle éprouvait, par le frémissement et par les paroles.

« Oui ! oh ! oui ! fit-elle d'une voix basse et chaude. Oh ! que j'ai envie de jouir ! »

Appuyée sur ses bras raidis, elle releva la tête et ouvrit la croupe en l'arrondissant :

« Tu vois si je bande ! tout est rasé ! Quand je suis en rut, cela se darde si raide et si rouge que mes onze sœurs veulent voir Prima la pine en l'air... Je vais jouir... Je savais que tu me prendrais ce soir ; aussi n'ai-je pas joui de toute la journée... »

Elle avait joui pour la troisième fois depuis le matin, à cinq heures du soir ; mais décidée à jouer toute la passion, elle répéta :

« Quand je n'ai pas joui et que je bande, je dis tout ce que je ne voudrais pas dire... Je t'aime ! je t'adore ! je mouille pour toi ! je bande jusqu'au bout de mes seins ! je sais que tu m'enculeras tout à l'heure et je le veux ! je le veux !... Ah ! si j'avais ton doigt dans le cul en ce moment... Oui ! comme cela ! enfonce !... Tu me rends folle ! Mon ventre est plein de foutre qui descend, descend... Je t'en rendrai plus que tu ne m'en as fait boire... Je sens... Je vais... Je... Ah ! je décharge !... Tiens ! je jouis ! je me fonds ! Tiens ! ah ! tiens !... »

Elle jouissait vraiment ; mais pour la quatrième fois depuis son réveil et pour dissimuler que sa volupté physique n'avait pas l'abondance de ses paroles, subitement elle prit en bouche le membre du roi comme si elle en avait l'irrésistible convoitise...

Même elle trouva l'audace de dire quand elle put rouvrir les lèvres :

« Ah ! que c'est bon ! Je jouissais encore. Je n'imaginais pas ce que peut sentir une vierge qui boit du foutre d'homme pendant qu'elle décharge ! »

Et pour répondre à tout, même à la pensée, elle vint dire à l'oreille du roi :

« Puisque tu le sais, je te le répète, je mourais d'envie d'être enculée ; mais quand j'ai joui... je n'ai pas pu retenir ma bouche. »

VI

L'entretien qui suivit fut mené par Prima, comme le précédent, selon sa fantaisie.

Il plut à la jeune fille de ramener la curiosité du roi vers ce qu'elle appelait son harem : ses sœurs. Autant elle préférait ses sœurs les plus grandes, autant elle intrigua pour faire désirer les plus petites. On avait déjà dit au roi que Puella était la plus vicieuse. Prima s'empressa d'en faire un personnage :

« Puella ? Oh ! oui ! Elle n'a que neuf ans, mais pour certaines choses, nous lui donnerions toutes le premier prix.

— Certaines choses ?

— Elle m'aime à la folie, dit Prima sans répondre. Je n'ai pas à lui demander ce que je veux, je n'ai qu'à le lui permettre. Et cependant, presque toujours je lui défends ce qu'elle me propose.

— Que te propose-t-elle ?

— Ce que nos autres sœurs ne font pas, si hardies ou aimantes qu'elles soient. Puella est un singulier petit être. Elle a tous les vices, même ceux que je n'ai pas, et elle est si gentille qu'on les lui pardonne.

— Enfin pour quelles raisons lui donneriez-vous toutes le premier prix ?

— Pour ce que l'on ne peut pas dire.

— Me voilà bien renseigné.

— Tu veux tout savoir ?

— Et voir. Puisqu'elle a tant d'affection pour toi, veux-tu la chercher ?

— Tu le désires ? J'y vais.

— Ainsi je comprendrai peut-être ce que tu ne peux dire.

— Ainsi comprendras-tu surtout que, ni de moi ni d'elles, je ne te refuse rien. »

Après quelque temps, Prima reparut, tenant d'une main sa petite sœur en chemise de nuit, et de l'autre une boîte qu'elle posa sur un meuble.

« Puella, dit-elle, je t'ai promis qu'on te pardonnerait tout, sauf de mentir. Réponds : qu'est-ce qu'une petite fille ?

— Une pauvre petite saloperie, qui fait tout, et qui ne jouit pas.

— Qu'est-ce qu'une jeune fille ?

— Une ancienne petite saloperie, qui ne fait rien et qui jouit partout.

— Voilà qui est bien répondu, s'écria le roi. J'aime que mes
filles aient cette clarté d'esprit. »

La sœur aînée parut trouver pourtant un excès de franchise
dans ces premières réponses; et avec un regard que la petite
comprit, elle demanda :

« Qui est Prima ?

— La plus belle fille du monde.

— Et Puella ?

— J'espère que c'est la plus salope de toutes les petites salo-
peries; ou, s'il y en avait une autre, je voudrais savoir ce qu'elle
invente.

— Ces deux définitions me plaisent, conclut le roi, parce
qu'elles ne troublent en rien mes opinions préconçues. »

Sans trouble ni honte, Puella ouvrit et fit tomber sa chemise aux pieds de son petit corps mince et frêle dont le visage
était joli. Puis entre les seins de Prima recouchée elle se vint
blottir.

« J'ai chaud ! dit la jeune fille. Je suis en sueur et je viens
de jouir. Où m'aimes-tu ?

— Sous tes bras d'abord.

— Que veux-tu faire sous mes bras ?

— Sucer tes poils. Ils te sentent encore plus que ton foutre. »

La bouche en avant, elle fourra sa tête sous l'aisselle que
Prima entr'ouvrait; puis sous l'autre :

« Il n'y en a que deux ? fit-elle.

— Et combien ai-je de bouches ?

— Deux aussi. Deux toutes pareilles. Papa ! dit-elle en se
retournant. Pourquoi Prima toute nue a-t-elle du foutre dans
ses deux bouches ? et pourquoi n'a-t-elle pas de con ?... Je veux

dire : pourquoi a-t-elle de la salive dans ses deux cons et pourquoi n'a-t-elle pas de bouche ?

— Lèche au lieu de parler ! » dit vivement Prima en levant les cuisses.

Mais elle les baissa et les referma quand la petite, après avoir lappé le sexe comme un chat lèche une assiette, allongea sa langue plus bas.

Puella releva la tête, s'accroupit sur les talons, et, puisqu'on lui refusait cela, elle demanda autre chose.

« La plus belle fille du monde a envie de pisser, fit-elle. J'ai senti çà du bout de la langue.

— Dis mieux. Dis ce que tu penses.

— Une petite saloperie a envie que tu pisses ; et la dernière goutte sur le bout de sa langue. C'est ce que je voulais dire.

— Tu ne voulais pas en dire assez. Ecoute, Puella : raconte-nous tout ce que tu fais quand tu as envie qu'une de tes sœurs pisse. Et prends garde : si tu ne dis pas tout, je ne ferai rien de ce que tu désires. Si tu es sincère, je te... je te ferai minette moi-même pour la première fois depuis ta fête.

— Vrai ? »

Pourpre et toujours accroupie, les doigts mêlés sur les genoux, la petite s'enhardit soudainement :

« D'abord tout le monde le sait que je suis la plus salope. Je n'ai pas besoin de me cacher. Çà se voit à ma figure et même entre mes pattes. Est-ce que j'aurais le con si rouge à mon âge...

— Ne dis pas que tu as un con.

— C'est vrai, nous sommes drôlement faites. Toi, tu as deux bouches et un trou du cul. Moi j'ai deux trous du cul et une bouche. Il était une fois deux princesses qui n'avaient de con ni l'une ni l'autre. »

Prima éclata de rire et l'embrassa.

« Alors continua la petite animée par le succès, Prima pisse par la bouche, moi par le trou du cul et mes sœurs par le con. C'est un spectacle varié. Peut-être est-ce çà qui m'excite.

— Et autre chose.

— Et autre chose que Prima sait mieux que moi.

— Ne te fais pas plus vicieuse que tu n'es. Avoue que toutes les douzes nous nous sommes branlées au berceau, bien avant de jouir.

— Oui. Çà allonge le bouton et nous sommes faciles à gousser mais ça vous échauffe aussi, surtout quand nous sommes petites. Les jeunes filles qui déchargent, elles arrêtent leur doigt de temps en temps. Mais nous ! Il n'y a pas de raison pour que çà finisse.

— Et la voilà qui se branle, un doigt par devant et l'autre dans le cul.

— Çà me démange des deux côtés.

— Tu disais donc ?

— Je disais : les petites filles qui ont des démangeaisons par devant et par derrière se pissent dessus et disent qu'elles jouissent. Le matin, avant mon bain, je me mets dans ma baignoire vide... Plus on me le fait, plus je suis contente... Si contente que...

— Eh bien ?

— Quand ce sont mes grandes sœurs, je leur suce les poils du con ensuite. Comme c'est l'heure où elles viennent de jouir, leurs poils sont pleins de foutre et de pipi. C'est bon.

— Dis tout.

— Quand les grandes ont leurs règles, c'est encore meilleur‧ On ne sait pas ce qu'on avale, mais on n'a plus soif.

— Allons, la dernière confession ! Vas-y ! Décide-toi.

Puella mit en riant ses deux mains sur les épaules de sa sœur et à travers son rire, elle répondit tout haut :

« Tu y tiens ? Il faut que je raconte que tu m'as pissé sur la bouche ? Eh bien ! je ne le dirai pas ! »

Cette façon de ne pas le dire fut bien accueillie et racheta les ombres de la confession.

*
* *

Gaie, Prima lui baisa les lèvres et continua :

« On ne dira pas non plus que tu t'es dépucelée de tes propres mains, comme Tertia ?

— Non. Pas la peine de le dire. Çà se voit.

— Ni que tu es pucelle quand même ?

— Oh ! si ! Disons-le vite ! Çà ne se voit pas du tout !

— Cette petite est charmante ! fit joyeusement le roi. Je ne connaissais pas mes filles. On pardonnerait à celle-ci plus qu'elle ne vient d'avouer. »

Du même ton enjoué, Prima dit à l'enfant :

« Tu avoueras le reste plus tard. Pourquoi ris-tu ?

— Parce que je ne te croyais pas si vicieuse.

— Moi ?

— Où mets-tu ta langue ?

— Dans ta bouche.

— C'est dégoûtant ! Tu la mets dans la bouche qui... Enfin,
taisons-nous !... quand j'ai la un petit cul de pucelle...

— Plus chaste que ta bouche ? Tu peux le dire ! et pourtant,
Dieu sait ce qu'il a fait, ton petit cul de pucelle ! Retourne-toi,
tu auras ce que je t'ai promis ; mais nous en parlerons ensuite
de ton petit cul ! »

Prima, tint de la langue, sa promesse, qui mit la petite fille
au comble de la béatitude. Quand ce fut fini :

« Ne bouge pas ! dit-elle. En soixante-neuf tu es très gentille.
Tu nous montres...

— Mes deux trous du cul, comme tu dis.

— Ne bouge pas !

— Est-ce qu'on les photographie ? »

Sans répondre, Prima dit à l'oreille du roi :

« Chloris n'a pas voulu t'apprendre comment elle nous a
préparées... à ce que tu sais. Ne la blâme pas. Elle a pris le
moyen le plus simple. Elle nous a enculées elle-même avec un
godmiché qu'elle gardait toujours avec elle parce qu'elle avait
peur que nous ne nous en servions par devant. Nous y avions
pris goût. Tertia même en était si enragée qu'elle s'en est fait un
avec une peau de gant. Mais parmi les petites, Puella seule a
voulu être enculée.

— Par qui ?

— Par moi. Sous les yeux de Chloris. Le godmiché est là
dans la boîte. Tu vas voir si la petite s'y prête. »

Le roi proposa tout le contraire et s'accoudant sur l'oreiller
il répondit :

« Pourquoi ne te rendrait-elle pas ce que tu lui as fait ?

— Si tu veux, dit Prima interloquée. Mais alors il faut que ce soit moi qui le lui accorde. »

Elle se leva, entraîna sa sœur dans un coin de la chambre, lui parla tout bas et très longtemps. Sans doute elle lui donnait toute une instruction. La petite sautait de joie. Elle ceignit l'objet comme elle put. Il fallut pincer d'une épingle le ruban vert de la ceinture trop large. Puis les deux sœurs revinrent près du lit et Puella dit avec assurance :

« Mademoiselle, je ne vous cache pas que je bande pour vous.

— Savez-vous à qui vous parlez, monsieur ?

— Je m'en fous comme d'un poil de mes couilles, mademoiselle. Vous êtes trop belle pour vous montrer toute nue. C'est votre faute si je suis dans un état pareil et je ne sortirai pas d'ici avant d'avoir tiré six coups.

— Mais, monsieur, je suis vierge !

— Tant mieux pour moi.

— Ignorez-vous assez les usages du monde pour vous comporter ainsi à l'égard d'une jeune fille ?

— Oh ! mademoiselle, il y a trois espèces de jeunes filles : les débauchées, on les baise ; les naïves, elles vous sucent ; les vertueuses, on les encule.

— Je suis profondément vertueuse.

— Alors vous allez être profondément enculée. Ne craignez rien pour votre honneur. Çà ne vous empêchera pas de trouver un mari.

— Je n'entends point vos paroles, monsieur, mais je ne saurais voir plus longtemps l'obscénité que vous offrez à mes regards. Je me détourne et me cache le visage. »

Disant cela, Prima se mit en posture à genoux sur le lit, la tête dans l'oreiller. Puella, et pour cause, ne disait plus rien. Aussi la jeune fille reprit, avec une religieuse langueur :

« Que sens-je ? Un baiser sur le trou du cul ? Que dis-je, un baiser ? un suçon ! Voyez ma rougeur !

— Epatant, le suçon !

— Taisez-vous ! je ne l'ai que trop senti !... Ah ! et cette langue !

— Elle vous déplaît ?

— Je ne dis pas cela ; mais j'ai peur que ce ne soit pas convenable.

— On verra çà demain. Ouvrez bien les fesses.

— Oui, oui. Vous ne penserez pas de mal de moi ? Sincèrement ?

— Sincèrement, çà ne me choque pas.

— Vous me troublez. Je ne sais rien de ces choses... pas même les mots... mais vous me faites feuille de rose comme une gougnotte.

— Si vous ne savez pas les mots, voulez-vous que je vous les apprenne ?

— Non. J'aime mieux rester innocente. Goussez-moi le trou du cul sans que je vous le demande et tirez-le avec les pouces... Je ne vous vois pas ; je vous pardonne... Ah ! la putain de petite langue ! Jusqu'où m'encule-t-elle ! C'est indécent.

— A quoi sentez-vous que c'est indécent ?

— A ce que je bande ! Mais taisez-vous donc, encore une fois ! Quand une jeune fille vertueuse a une langue dans le derrière, elle n'aime pas qu'on la lui retire pour lui demander ce qu'elle éprouve !

— Ce n'est pas convenable ?

— Je n'ose répondre.

— Qu'est-ce que vous éprouvez, mademoiselle ?

— Je ne sais pas les mots.

— Du trouble ? de la confusion ?

— J'éprouve... l'exaltation indéfinissable d'une vierge qui se sent pleine de foutre, qui voudrait se faire planter un vit dans le derrière et qui ne sait comment le dire pour se faire comprendre.

— Ne le dites pas ! Je devine à peu près.

— J'ai envie d'une queue par le trou du cul. Est-ce plus clair ?

— Encore une explication et j'aurai compris.

— C'est trop exiger de ma pudeur. Ni mes gestes ni mes paroles ne me feront plus rougir désormais. J'aime mieux prendre cette pine et m'enculer moi-même que de vous révéler mes secrets désirs. Je la tiens. Penchez-vous sur moi.

— Ai-je mis assez de crème sur le bout de ma queue ?

— Assez pour moi. Laissez-moi faire. Je vous guide. Vous êtes sur le trou... Poussez... Ah ! il est dedans ! Que m'arrive-t-il ?

— Rien qu'une pine dans le cul, mademoiselle. Rassurez-vous. C'est innocent. »

Prima retourna la tête et, d'une voix de plus en plus tendre, comme pour démentir les mots qu'elle disait, elle soupira :

« Vous me violez.

— J'allais le dire.

— La brutalité d'un homme est féroce. N'avez-vous pas honte, monsieur ? Vous abuser de ma faiblesse. Vous me pervertissez.

— Non. Je vais même vous donnez un conseil utile. Quand

je vous ai violée par le trou du cul vous auriez dû crier que çà vous faisait mal.

— Je ne sais pas mentir, je suis pure. Vous ne me faites pas mal du tout.

— Je commence à me demander si je suis le premier.

— Le premier ce soir, je vous le jure !

— C'est toujours çà.

— J'ai un tempérament de rêveuse et quand je n'ai pas une queue dans le derrière il me manque quelque chose.

— Ah ! les jeunes filles vertueuses, s'écria Puella. Elles ne peuvent pas se branler comme les autres ! Chaque fois, il faut qu'on les encule ! »

VII

La scène finie, Puella quitta son rôle avant son godmiché. Elle sauta au cou de " la plus belle fille du monde " et lui dit avec tendresse :

« Quelle est la plus heureuse petite fille du monde ?

— Je ne sais pas du tout. Est-ce que tu la connais ? Pourquoi est-elle si heureuse ? Qui est-ce ?

— Une sale gosse qui a une queue comme un homme et qui vient d'enculer Prima.

— C'était bon ?

— Ah ! je n'ai jamais si bien bandé ! As-tu senti ?

— Pas mal.

— Je ne t'ai pas enculée de travers ?

— Non. Tout droit. Même avec ta langue.

— Suce-la.

— Tiens ! Et maintenant, va dans le cabinet de toilette. Tu rentreras quand je t'appellerai. »

*
* *

La porte refermée, Prima prit le roi dans ses bras. Le mot qui avait décidé de toute la scène précédente lui avait fait pressentir la suite. Elle cessa d'offrir sa sœur et accepta du regard ce qui l'attendait ; mais elle avait plaisir à se faire désirer. Sitôt que l'état du roi lui donna confiance, elle parla au lieu de complaire ; elle se joua de séduire ; et, selon son caractère de femme, elle répondit à diverses pensées qui naissaient d'elle-même ; d'elle seule.

« Puella n'a pas tout dit. Elle n'a rien confessé du pire de ses vices ; mais tu l'as deviné...

— Je n'y pense pas.

— Si. Et moi, comme je l'ai senti ! Si tu savais jusqu'où elle a fourré sa langue !

— Tu es belle.

— Où cherche-t-elle ma beauté ? La bouche, le con de sa sœur ne lui suffisent pas. Ma salive et mon foutre même sont trop fades. Elle boit la sueur de mes aisselles ; tu l'as vue s'y frotter les lèvres ? Et ce que sa langue préfère, c'est mon trou du cul.

— C'est ton baiser. Elle vient de le dire.

— Mon baiser après, quand je le lui accorde ; mais comment l'embrasserais-je après ce qu'elle me fait ? Le matin, elle me suit, elle me regarde, elle me... Laisse-moi dire !

— Non !

— Ecoute : elle attend que je l'appelle. Encule-la sur moi. Jouis dans son petit cul. Elle sera si contente !

— Je n'ai d'amour que pour toi.

— Eh bien ! elle en aura sa part quand même ! Tout à l'heure, je te dirai comment. »

Sans rien changer à sa posture, Prima releva les cuisses et réussit à se faire prendre par dessous, en tenant toujours le roi face à face. Alors, pour une minute elle oublia le reste, ne songea qu'à sa chair :

« Ah ! soupira-t-elle... Sais-tu que c'est la première fois ?

— Je l'espère.

— Et moi je le sens comme je ne l'imaginais pas. Je me suis faite plus savante que je n'étais, devant toi. C'est encore plus chaud que je ne pensais. »

Pourtant, elle s'en lassa vite, et, pensant qu'à ce troisième acte, le roi serait plus lent à conclure, elle se hâta de le saisir en état d'égarement pour se faire entendre peu à peu :

« Si Puella était ici, elle serait aussi heureuse que moi. Elle m'aime par où tu me prends et ne serait pas jalouse : au contraire ! Tout serait pour elle après avoir été pour moi.

— Qu'est-ce que tu veux dire ?

— Comme elle ne jouit pas encore elle est gourmande en amour ; elle aime tout ce qui sort de mon cul. Quand nous nous séparerons, elle te léchera la queue et tout ce que j'aurai reçu de foutre elle le voudra dans sa bouche... Aimes-tu mieux qu'elle ait tout ensemble ? Cette pauvre petite qui attend... Je vais l'appeler. Puella ! »

Avant que le roi eût pu dire non, Puella était dans la chambre et elle ne parut pas autrement étonnée de ce qu'elle vit.

« Chic ! » dit-elle à mi-voix.

Sur un signe de sa sœur, elle grimpa au milieu du lit. Le changement fut si prompt que le roi s'en aperçut à peine. Puella prit ce qu'on lui offrait, aussi naturellement qu'elle eût pris un gâteau.

Plus nerveuse, Prima ceignit le godmiché, y mit de la crème et dit à la petite :

« Tiens-toi bien ! Je vais te rendre ce que tu m'as fait. »

Puella se tint aussi bien que possible. Pourtant, ce ne fut pas sans trouble, car presque au même instant elle reçut dans la bouche la seule merveille qu'en amour elle ne connût pas. Et ses deux émotions se générent l'une l'autre.

VIII

Des deux sœurs, la plus agitée après cette longue scène, fut Prima.

La suivant le long de la galerie où elle marchait d'un pas rapide, Puella fit tout haut une sorte d'examen de conscience :

« Quelle confusion si l'Abbé était là ! Cette nuit j'ai enculé ma sœur ; ma sœur m'a enculée ; j'ai sucé la queue de mon père, j'ai avalé mon petit frère...

— Et autre chose itou que tu n'oses me dire.

— Parce que j'en ai encore un peu dans la bouche. Mais le foutre d'homme, sais-tu à quoi ça ressemble ?

— Tu me raconteras ça demain. Couche-toi, chérie. Je t'enferme. »

*
* *

Seule, Prima courut en avant, mais à pas de loup, jusqu'à l'appartement de sa sœur favorite qu'elle n'avait pas voulu nommer au roi.

A cette heure de la nuit, les quinze ans de Quarta dormaient si profondément que la brusque ouverture de la porte ne troubla pas leur sommeil, et ne dérangea pas leur posture.

En été, Quarta couchait sur son lit et non dedans. Comme une jeune Vénus du Titien, elle couchait nue, et sa main droite n'était jamais égarée qu'entre ses cuisses.

Au premier mot de sa sœur elle ouvrit de grands yeux :

« Oh ! que tu es gentille ! je ne t'attendais plus, ma Prima ! Pourquoi es-tu si rouge ? Viens sur moi.

— Sous toi.

— Tu as envie de jouir, mon amour ? Retiens-toi un peu ! Moi aussi, j'ai envie...

— Ah ! pas comme moi ! Regarde le con que je rase pour que tu t'y frottes. Regarde s'il t'aime ! Presse tes poils dessus et je décharge.

— Mon bouton aussi ! Le sens-tu ? Serre tes bras !

— Mais, tiens ! mais, tiens ! je décharge, mon adorée ! Je crois que je t'inonde...

— Oui, c'est chaud.

— Tiens ! Encore !

— Attends-moi !

— Non ! ne jouis pas !... Je me recule... Laisse-moi respirer... »

Quarta fit une moue de tout son visage et dit presque en pleurant :

« Pourquoi ne veux-tu pas que je jouisse ? Me voilà pleine de foutre et je n'ai pas déchargé.

— Tu es encore plus belle quand tu bandes.

— Non. J'ai de plus beaux yeux quand j'ai joui. Pourquoi ne veux-tu pas ? »

La raison en était que les récits d'amour ou de vicieux mystères excitaient Quarta hors de toute mesure lorsqu'elle se trouvait en état de convoitise.

Prima aimait la voir ainsi.

« Ne te touche pas ! je te le défends ! Laisse entrer mon doigt.

— Je suis au supplice, mon amour ! Tu me mets en chaleur, tu m'empêches de jouir, et tu ne veux pas que je me branle quand j'ai ton doigt dans le...

— Chut. Ecoute ce que je viens de faire. Je viens d'être enculée trois fois : par une langue, par un godmiché, par un vit.

— Oh ! peut-on ! Et elle en est fière ! Si tu m'aimais comme je t'aime, tout cela ne t'aurait pas fait autant de plaisir que ton doigt m'en donne. Tiens ! je vais t'en fourrer deux des miens pour te punir. Je suis trop amoureuse de toi ! tu es une saleté.

— Ne boude pas. Tu as envie de rire.

— Parce que tu me fais casse-noisettes sur les doigts. Mais tu viens d'en faire autant à une langue, à un vit, à un godmiché, à quoi encore ? Quelle petite ordure que cette Puella ! Quand j'ai su que tu l'appelais ce soir dans la chambre...

— Tu t'es branlée ?

— Méchante !

— J'en suis sûre comme si je t'avais vue. Ne dis pas non.

— Je me suis branlée pour toi... Et je ne me suis pas assez branlée. J'aurais dû le faire toute la nuit, j'aurais moins envie de t'embrasser.

— Fais-moi des reproches.

— Tu es trop belle.

— Et puis ?

— Tu me fais trop bander en ce moment.

— Et puis ?

— Et puis, pendant qu'on te faisait tout çà, tu t'es retenue, mon adorée ! tu n'as voulu jouir que dans mes bras ! et c'est toi qui m'aimes trop ! à peine t'ai-je touchée, tu as crié : Je décharge !

— Je te le crierai encore avant la fin de la nuit, ma Quarta !

— Pas avant moi ! Je t'adore ! Je t'adore ! Laisse-moi jouir.

— Devine d'abord ce que j'ai apporté là, sous mon peignoir, sur la chaise.

— Tu m'as apporté ton ventre, sous mes poils, sur le lit.

— Mais là, sous mon peignoir ? le godmiché de Chloris.

— Ah ! je le veux ! et que tu me le mettes ! Dépêche-toi. Je ne me touche pas. »

Jamais Quarta n'avait reçu ce godmiché que de Chloris elle-même ou en sa présence, et, chaque fois, à côté de sa virginité. Aussi, ni elle ni Prima ne pensèrent-elles d'abord qu'étant seules cette nuit-là elles pouvaient... Quarta soudain en eut l'idée. Elle se retourna sur le dos, ouvrit les jambes et dit d'une voix précipitée :

— Dépucelle-moi par devant !

— Quelle folie !

— Oui, je suis en folie, je suis en chaleur. Dépucelle-moi
par le con !
— Tu le regretteras demain.
— Je ne le regretterai pas. Est-ce que Tertia le regrette ?
Je me branlerai jusqu'au fond pour toi!... Ah! que tu es belle
avec cette queue! Viens sur moi.
— Je te ferai mal.
— Tu me feras jouir! Je mouille! J'en ai plein les doigts
quand je t'ouvre mes poils et mes lèvres! Aussi chaude que toi
quand tu es entrée!
— Et tu ne sais pas comment tu jouis, mon aimée, tous les
jours où je t'encule?
— Encule-moi par le con, cette nuit! N'y pense pas. Tu as
des poils par derrière; moi par devant. Trompe-toi. Viens, mon
amant! mon premier! mon Primo chéri!
— Je t'embrasse. Je ne sais plus ce que je fais. Place toi-
même, où tu veux, la tête du...
— De ta queue. Elle y est. Je la tiens. Pousse!... Pousse plus
fort! D'un seul coup... Ah!
— Quarta, mon amour...
— C'est fait... Continue... Ce n'est rien. Je t'aime. Je vais
jouir... Baise-moi, tu es beau.
— Jamais je n'ai aimé comme je t'aime en ce moment.
— Ni moi. Je jouis ! Ta bouche ! »
Elles se turent ensemble.
Les jeunes filles que l'on dépucelle parlent très peu, sitôt
qu'elles souffrent et jouissent. La collision du plaisir avec la
douleur les stupéfie. Elles gémissent des baisers. Elles parlent
du regard.

Lorsque tout s'apaisa et que le dernier frisson eut fui le long des jambes, Quarta sut murmurer avec un sourire de béatitude :

« Je suis plus heureuse que je ne rêvais. Prima ! tu as pu croire que je regretterais mon pucelage après te l'avoir donné ? Je regretterais toute ma vie de ne te l'avoir donné qu'une fois.

— Tu me le donneras...

— Toujours ! T'en souviendras-tu ?

— Oui, chérie. Mais devine combien de fois tu me le donneras toi-même, autrement que par l'amour et par le souvenir ?... Quels grands yeux tu ouvres ! Ne cherche pas.

— Dis-moi vite comment je peux te le donner encore ! »

Un long baiser put seul excuser Prima de garder le silence. Elle dit enfin :

« Si nous nous aimons chaque nuit ventre à ventre, est-ce seulement parce que tu bondis sitôt qu'entre les jambes je te touche de la langue ?

— Non. C'est pour jouir bouche à bouche.

— Et cette bouche que tu baises n'est-ce pas elle surtout qui aura ton pucelage ?

— Oh ! si ! et plus encore ! le foutre et le sang ! la chair si elle la veut !

— Et ma langue ?

— Pas maintemant, je t'en supplie ! Je serais désespérée de jouir avant toi. Si tu m'aimes assez pour comprendre que je t'adore, prends tout ce que mon pucelage peut donner à ta bouche, mais ne jouissons pas sans voir notre amour dans nos yeux. »

*
* *

Quand les deux bouches se retrouvèrent, Prima était pâle et Quarta très rouge.

« Que tu as saigné ! Que j'ai dû te faire mal !

— Jamais je ne t'ai plus aimée. »

Prima eut un élan :

« Ma Quarta ! mon seul amour ! demande-moi tout ce que tu voudras : je te le ferai.

— Quelque chose d'extraordinaire ? Que nous ne faisons pas ensemble ?

— Oui.

— Tu acceptes d'avance ?

— Oui.

— Eh bien, fit la jeune fille avec un rire tendre, je porte une main hardie au con de Votre Altesse et je la branle.

— Ce n'est pas sérieux !

— Branle-moi aussi... Pour jouir bouche à bouche... Je suis suis trop endolorie pour me frotter... Croisons nos mains comme deux gosses... Mais écoute d'abord : je t'ai avoué que je me branlais pour toi. Est-ce que toi jamais...

— Peux-tu ! Et ces yeux d'enfant, ces yeux inquiets qui attendent ma réponse ! Tout bas, dis-moi toi-même ce que tu sais.

— Oui, tout bas. Je sais... que tu es comme nous toutes... Plus on t'a fait jouir, plus il faut que tu te branles toute seule avant de dormir. Et... et je n'étais pas sûre, mais je lis dans tes yeux que tu le faisais pour moi.

— Pour qui donc pouvais-tu rêver que je le faisais ?

— Tu es si belle que je pensais : Prima doit se branler pour elle-même.

— Comme Secunda ? une petite glace entre les jambes ?...
Je le fais quelquefois ; mais que me montre-t-elle, ma glace ? Le
ventre et le con rasés tous les matins pour toi, pour toi seule,
pour sentir de plus près tes poils et ta chair. Ai-je même besoin
d'une glace quand j'y mets la main ? »

Quarta y mit la bouche et le baisa de toute son âme ; puis,
s'allongeant de nouveau près de sa sœur et la touchant du doigt :

« Sens. Voilà comme je fais quand je me branle pour toi.

— Et moi, voilà comment... Oh ! mais tu t'y prends mieux !

— Continue comme sur toi-même. »

IX

"Lorsque fut la troisième nuit" comme eut dit Shéhérazade, le roi prit conseil de Tertia qui lui répondit gaîment :

« Fais venir Secunda. Nous ne nous ennuierons pas une minute.

— Je la croyais si prude et si pieuse.

— C'est pour çà qu'elle m'amuse. Elle et moi, on prétend que nous sommes les deux extrêmes ; aussi je couche avec elle presque tous les soirs ; et c'est elle que j'imitais avant-hier quand je te parlais de ma pudeur ; mais il faut l'entendre ! Elle est d'une connerie !

— Eh bien !

Je ne dis plus rien. Tu vas l'entendre. »

Tertia partit en courant.

* *
* *

Elle revint tenant sa sœur par le bras et l'interpella la première :

« Confesse-toi par mortification, sainte Secunda ! Le roi va t'interroger sur ce que tu sais le mieux.

— Ce que je sais le mieux, c'est que je suis une misérable pécheresse, mon père, et vous entendrez une triste confession.

— S'il est vrai, dit le Roi, je consens que tu te mortifies. Cela est bon pour ta conscience et ne peut que la soulager. L'aveu est agréable aux âmes bien nées.

— Oui, je dirai tout ! je dirai tout ! je dirai tout ! Si j'oublie quelque chose, Tertia, rappelle-le moi ! Je ne veux rien cacher.

— Commence par ce que tu fais quand tu couches toute seule. Je ne suis pas toujours dans ta chambre. Allons ! le Roi t'écoute. »

Secunda leva les yeux au ciel et soupira :

« Nuit et jour je me sens brûlée par l'appétit charnel.

— Qu'appelles-tu ainsi ?

— Une ardeur qui m'envahit de la tête aux pieds. Elle prend source d'une partie... que les jeunes filles ne nomment pas.

— C'est ce que les jeunes filles appellent un con, fit Tertia.

— Quand je rentre dans ma chambre pour me mettre en prière, ce désir charnel me distrait. Aussi ai-je pris pour objet de méditations la Vie de Ste Marie l'Egyptienne afin de rêver sans remords à des nudités, mon père. Mais quand j'imagine la Sainte se livrant aux déportements de sa jeunesse, loin de me calmer, cela m'enflamme, je ne puis plus résister et je... je...

— Parle.

— Je me pollue.

— Elle se pollue ! répéta Tertia qui pleurait de gaîté. Eh bien, dis comment tu te pollues.

— Je me mets nue comme la Sainte. Pour me faire honte à moi-même, je tiens entre mes jambes une petite glace où je vois toutes mes parties honteuses et leur ignominie et je rougis des pollutions que je commets sous mes yeux. Parfois je m'assieds au bord d'un fauteuil devant ma grande glace et j'invente les plus sales postures afin d'en rougir davantage. »

Elle s'interrompit, haleta un instant, et dit :

« Aucune mortification ne me serait plus cruelle, mon père, que si je me polluais devant vous ! D'ailleurs, je ne saurais sans cela poursuivre cette confession qui m'embrase.

— Elle a envie de se polluer ! fit Tertia dans un nouveau rire. Ne retrousse pas ta robe, tu es ridicule ! Puisque l'émotion te coupe la parole, attends qu'on te déshabille et qu'on te présente. »

Le déshabillage accompli, Tertia reprit avec autorité :

« Tes mains derrière le dos ! tu te pollueras plus tard. Mortifie-toi d'abord en te présentant toi-même. Qu'est-ce que c'est que ça ?

— L'impudicité de mon sein nu. Les mamelons allongés par mes attouchements. Les stigmates de mes souillures.

— Et ces cheveux noirs ?

— Un voile que la Providence fait croître devant mes parties secrètes pour m'en dérober la vue.

— Elle n'y réussit guère. Et ça ?

— L'obscénité de mes lèvres honteuses.

— Pourquoi as-tu fait un nœud à tes poils ?

— Pour me rappeler un rêve de la nuit dernière chaque fois que je me polluerai aujourd'hui. Un rêve luxurieux. Je vais le dire tout haut. »

Elle se jeta sur le dos en travers du lit, releva entièrement les cuisses et balbutia en se masturbant :

« Elle ici... Lui là.... Je... Je... Ah ! je le dirai plus tard !... J'ai la tête en feu... Je pêche ! Je pêche !

— Çà veut dire qu'elle décharge, expliqua Tertia,

— Pardon, mon Dieu ! pardon !

— Toutes mes filles sont toquées » fit le roi songeur.

Il s'écoula quelque temps avant que Secunda recouvrât ses esprits.

Enfin elle se leva et, après un soupir, reprit la confession interrompue.

« Je ne me borne pas, mon père, aux attentats que je commets sur moi-même. J'éprouve à l'égard de Tertia une concupiscence infâme.

— Infâme ! répéta sa sœur en l'imitant.

— Je lui fais subir des attouchements qui la provoquent au péché. Ma bouche elle-même se prostitue à des lubricités innommables.

— Innommables !

— La licence de ses gestes et de ses propos m'attirent. Au lieu de la moraliser et de la reprendre...

— Quand je te dis : fous-moi ton cul sur la gueule...

— J'ai l'abjection de le faire et d'y trouver plaisir; moi son aînée qui devrais la nourrir de la manne éternelle...

— Tu ne me nourris que de foutre, mais chaque fois j'en ai la bouche pleine.

— Et je me sens plus abjecte encore quand je prends la même posture sous elle.

— Parle donc de ce que tu aimes le mieux !

— Non ! oh ! non ! dis-le, toi ! Je n'en peux plus !

— Prends la pose, et je le dirai. »

Secunda tomba en prière au pied du lit. Tertia, toujours gaie, une main sur la hanche, dit en la désignant de l'autre bras :

« Tu vois, papa, comme elle prie ? les reins creux, le derrière comme deux boules et les fesses tellement ouvertes qu'elle a l'air de prier les saints pour qu'on l'encule.

— Je sais que je suis impudique ! gémit l'agenouillée.

— Le premier soir où nous avons couché ensemble, quand elle s'est mise en prière, la figure dans les mains, je ne voyais plus rien que son trou du cul ; je l'ai goussé ; elle tressaillait, mais elle ne résistait pas. Alors, j'ai fourré ma langue dans le trou.

— Je n'en priais que mieux !

— C'est ce que j'ai compris. Aussi, j'ai retiré ma langue, j'ai enfoncé mon godmiché à la place, et puis... je ne sais comment cela c'est fait, mais sans que je la branle, rien qu'en remuant un peu le godmiché dans le cul, elle a déchargé.

— Ne t'ai-je pas dit qui je voyais, les yeux fermés ? et maintenant encore je la vois...

— Ste Marie l'Egyptienne ?

— Oui ! Sur son lit de jeunesse et de luxure. Elle est nue comme moi et à genoux comme je suis. Elle me sourit de ses yeux fardés. Derrière elle s'agenouille son amant. Elle prend le membre d'une main et me montre ce qu'elle lui offre. Ah! ce péché de sodomie qui est le pire de tous! Ah! Tertia! qu'attends-tu?

— Prie la sainte de faire un miracle et que mon godmiché devienne une queue, une vraie!

— Oui! elle veut bien. J'y crois de toute mon âme! »

FIN

JUSTIFICATION

Il a été tiré de cet ouvrage 100 exemplaires sur vélin de Hollande Pannekoek, numérotés de 1 à 100 et constituant l'édition originale.

Exemplaire N° 99